JN440398

사막은 나이테가 없다

寧

木

김성찬

1951년 전남 목포에서 출생했고, 서울과기대 산업대학원 문창과에서 현대시를 공부/수료했다. 저서로 『살며 견디며 사랑하며』, 『차마, 눈부신 당신 어머니』등 다수가 있으며 목회와 글쓰기를 40여년 해왔다.

김성찬시집
사막은 나이테가 없다

지은이 김성찬
펴낸이 김윤환
디자인 장미림
펴낸곳 열린출판사
1판 1쇄 펴낸 날 2021년 9월 15일
등록번호 제2-1802호

등록일자 1994년 8월 3일
주소 경기도 시흥시 하중로 203 (3층)

ISBN 978-89-87548-05-0 03810
값 13,000원

열린시선 09

김성찬 시집

시인의 말

흰 밤 끼적대던
자가 면죄부 같은 속내를
커밍아웃 한다

세월의 두께 만큼 두터운 빚을
은유보다 승勝한 묵언으로 속량해 준 세상과
천만년, 해맑은 미소로 너의 옥창을 밝힌
내 곁에 무릎 꿇어
헌정한다

2021년 혹서에
寧木 김성찬

차례

제1부 승화원에서

백사장 12
오월 장미 13
일식日蝕 14
한가위 15
꽃샘추위 16
맑은 손 17
나도 봄꽃 18
승화원에서 19
기습 20
사막은 나이테가 없다 22
10번 종점 24
울렁울렁 26
절연絶緣 28

제2부 낙타의 길

우치히사르의 봄 32
벤자민 33
봄별 34
군살 36
일출에 부쳐 38
어머니의 강 40
사다리 42
수가성 여인의 사랑 43
낙타의 길 44
대협곡 그랜드 캐니언 46
유타 주에서 48
물의 승천 50

제3부 수시렁좀의 날개

첫눈	52
사랑의 건축학	54
능소화	56
가시나무	57
연蓮	58
삼각산	59
수시렁좀의 날개	60
슬픔의 총량	62
비린 비	64
어둔리	66

제4부 환지통

건져 올리고 싶은 건 70
모로 누운 돌 72
좌회전은 비보호 74
가래톳이 섰다 76
환지통幻肢痛 77
도수 치료 78
저것이 80
밀림에서 82
출국 84

제5부 내 곁에는

모진 인간이 86
시린 손 88
백치 90
곰곰 92
밥값 94
고구마를 콕 찌르다가 96
홍시 97

부두 남강 98
환시幻視 유감 100
이북 사람 102
뻐꾸기 104
대모大母 전상서 106
실소실소 108
베로니카 최경애 110
퐁퐁 112
내 곁에는 113
C2현으로 울다 114
왼손잡이 양동춘 목사 115
제물祭物 118
순모 반 폴라티 119
국민 언니 120
이름이 하나 된다는 것 123
파킨슨 씨 병동에서 124
을왕리 126
공지 1 128
공지 2 129
바통 터치 130
완주 131

해설 | 땅끝에서 보는 하늘 / 김윤환 132

제1부
승화원에서

백사장

내장을 게워 낸 바다
저녁이 되고 아침이 되니

비릿한 살의를 품어 삭히다 토해 낸
검푸른 바다는 백설

격정을 숨죽여 토해 낸
거친 바다는 양떼 구름

검푸르고 거친 바다
게워 낸 속내는 희고 곱구나

바다는 대속주代贖主의 뱃속
흑암을 삼켜
무죄로 토해냄으로써

재생의 기회를 선사하는
파도가 들려주는
게워내야 사는 경전

오월 장미

겨우 내의를 벗고
문밖을 나섰다

화사花蛇는
이미 벗어 화사한데
허물 벗을 용기를 잃은 세월이
봄을 놓쳤다

간지러운 꽃들
서둘러 진 봄

거리는 맨살로 걷는
오월이다

처처에
가시로 돋는 상처

일식日蝕

선고 되지 않은 구형
동선이 공개된 에덴, 백약이 무효인 기우제
비대면 접신接神

나보다 나를 더 절망하여
달에 먹힌 전능자의 코로나19 블루는
전적으로 당신 몫입니다

죄를 전가하듯 이 우울도
당신께 전가합니다

이기소서
골고다의 십자가를 이기셨듯
오늘도

한가위

갈바람이 앞을 스치는 날

정성 한 닢 얹은 게 없는데
알곡이 쏟아집니다
눈물 한 톨 흘린 게 없는데
만월의 영광을 봅니다

오늘도 왔습니다

빈 수레에
부담만 잔뜩 부려놓고

해 준 것도 없고
해 줄 것도 없는

빈 맘에 가난만 더한

밝은 달 흰 그림자
더러는 의무처럼 더러는 은혜처럼
문밖에 왔습니다

꽃샘추위

바람이 맵다
확 피워 놓고 무장 해제시켜 놓고
영혼까지 후끈 달아 올려놓고는
찬바람 몰아 발길 돌려버리시면
홀로 열렬히 연모한 착각에 빠져 허우적거리다가

서둘러 피어 난 몸은
찬바람이 머물다 갈
꽃 무덤으로 남겠지요

지명하여 부르신 이여*
바람을 품지 못한 내게
바람처럼 사라지는
이 꽃샘을 어찌 하리요

* 이사야 43장 1절

맑은 손

맑은 손이 유죄다
맑음을 오독한 죄

죄를 짓지 않은 손이
맑다 여김을 받는 것이 아니라
쉴 틈 없어 이끼 낄 새 없는 손이
맑다 여김을 받는다며

손가락 하나 까딱하지 않음이 유죄라는
처처 내부고발 당하며
말간 손으로 쏘다니는 유람에 지칠 무렵

밤낮 없는 호구지책 손놀림으로
젓가락 된 까만 손가락이
꿈속에서도 나타날까 두려워 문 걸어 잠근
맑은 법정

나도 봄꽃

겨울나기에 승했던
내가
봄비에 무너졌다

된바람에는 의연하게 맞서왔지만
실바람에 맥을 못 추는 심사

이산 저산
다투어 터뜨린 오랜 설움들을
함께 보듬는 봄날

자리보전하고 누워
4월을 바라보는
나도 봄꽃

승화원*에서

뼈를 때린 회한을 식히고 있는 중이란다
폐를 찌른 냉기를 식히고 있는 중이란다
간을 녹인 노기를 식히고 있는 중이란다
가슴 울린 탄식을 식히고 있는 중이란다
배를 곯은 설움을 식히고 있는 중이란다
등에 꽂힌 비수를 식히고 있는 중이란다
손을 놓은 낙담을 식히고 있는 중이란다
팔을 꺾은 완력을 식히고 있는 중이란다
다리 풀린 절망을 식히고 있는 중이란다
발을 묶은 금제를 식히고 있는 중이란다
손톱 깨문 실연을 식히고 있는 중이란다
발톱 세운 독살을 식히고 있는 중이란다
입을 막은 면박을 식히고 있는 중이란다
귀를 먹인 음해를 식히고 있는 중이란다
코를 누른 수모를 식히고 있는 중이란다
목을 비튼 살의를 식히고 있는 중이란다
얼굴 돌린 외면을 식히고 있는 중이란다

눈에 어린 석별을 식히고 있는 중이란다

* 고양시에 소재한 서울시립화장장

기습

지하 생활자의 수기手記에
불청객이 기습했다

왜 나를 찾았냐고 나를 털어서 뭘 얻겠다고
더 이상 벗을 누더기 하나 없는 몸을
더 발가벗겨서 길 위에 세우는 속셈이 뭐냐고

나에게 들킨 당신을 문밖에 세워 둔 채
하늘로 검지를 치켜세운다

내게만 부족했던 당신의 관용에
수의를 벗어던지며 사방을 펄펄 터는 옥창을
기웃거리는 당신의 기습

당신을 부끄럽게 할
당신만 부끄러울

마른 나뭇잎으로 감싼 에덴 동편의 항변
당신의 형상을
기습 폭로하고 싶은 이 밤

사막은 나이테가 없다

하늘 덮은 슈바르츠발트 내 검은 숲 정수리에는
상투 튼 흔적도 없어 뵈고
날랜 푸트워크로 경쾌한 몸놀림은 시종여일해 뵈나

보이는 대로만 믿는 보이는 것만 전부로 아는
신기루를 좇는 대상들 틈바구니에서
알려줘도 알 수 없는 의문부호 내 속의 숲은
온갖 병충해 공세에도 사시사철 푸른 소나무처럼
썩지도, 썩을 수도 없는 묵시록의 검푸른 낯빛

1965년 5월 25일 보스턴
인간 기관차 소니 리스튼을 1회전 공이 울리자마자
나비처럼 날아 벌처럼 쏘아 댄 젊은 케시어스 클레이를
젊은 날 기억으로 추억해 대고 있는 내 나이테를
감히 세어 보려드는

무하마드 알리의 수전증만을 기억하는
단 하루 밤새 사막에 세계 최고의 162층 거탑을

거침없이 쏘아 올리는 세상을 구가하고 있는 세대들은

열사의 땅에 뿌리내린 나무들에는 나이테가 없다는
모진 풍화작용을 헤아릴 길 도무지 없는
근심 없이 자란 나무들은

지문 뭉개진 엄지처럼, 손금 없는 손바닥처럼
바위산이 모래벌이 된 억겁의 사막에는
나이테가 없는 절박을 알까?
알 수 있을까?

10번 종점*

문 나서면
겹겹 굽이친 불암산 비탈에 선다
먼 동 트는 새벽
밤새 뜬눈을 밝히고서도 구원받지 못한
눈 벌건 백열등이 도깨비불 되어
산으로 산 속으로 빨치산처럼 숨어들고 있다

남녘바다 건너와
청계천에 쪽배를 띄웠다가 집단 보쌈 당한
종점인생을 산지 천년도 넘겼건만

아직도
하늘을 지붕 삼는 저 산 마을에서
더 이상 이슬만 먹고는 살 수가 없어
산골散骨하듯 흩뿌려 대는 한줌 구호미로
호구지책 삼는 가련한 목숨들이
밤에만 살금살금 산짐승처럼 내려와
사람 틈에 살 비벼대 보는 곳

간밤에도 환인換人에의 몸부림으로 질펀했을 난장
어둠이 어둠을 핥고 지냈을 아득한 암전
온밤을 지새우는 호곡에도 불구하고
대책 없이 밝아 오는 면목 없는 이 미명

전혀 다 감출 수 없는 구미호 꼬리처럼
사람이고픈 천년의 욕망만은 정녕 감출 길 없어
한낮을 사수하는 전신주 백열등 마냥
여전한 환인換人에의 미련에 퇴각 못한 염탐꾼들이

퀭한 눈 벌겋게 부릅뜨고
형형
또, 하루를 엿보고 있다

* 세칭 '백사 마을'로 노원구 중계 본동에 위치한 서울의 마지막 달동네, 옛 10번 종점

울렁울렁

음습한 지하 계단을 내려가다 말고 뒤돌아섰다가
다시 맘 다잡아먹고 들어 선 뗏국 자르르한 북경반점

달랑 탁자 두 개가 온 살림 밑천인 을씨년스런 홀엔
단 세 번의 정결 예식만을 치른 몰골로 졸고 있는 주모
덜컹거리는 탁자 위엔 오대양 육대주가 질펀하고
점화된 울렁울렁은 목구멍까지 역류하는데

순간 주방 칸막이 개구멍을 뚫고
반半 대머리된 사내가
넘실넘실 찌그러진 양은 쟁반을 한 손으로 받쳐 들고
무릎을 구푸린 채 몸 낮추어
세상 속으로 틈입해 들어오고 있다

한 그릇 짜장면에 명운을 걸고
내 가랑이 사이로 파고들고 있다

눈을 돌려 춘장을 버무르다가 면발을 본다
피로 삶아낸 면발

피된 땀에 덕지덕지 절은 몰골

꾀죄죄하다니 지저분하다니

피비린내 나는 저들의 속적삼을 기피하는 세상이
미추美醜도 분간 못할 만치 가치 전도 된
가려진 외눈, 속화俗化된 내가 유죄다

내 안의 오욕질이 뚝, 멈춰지며
획, 식욕이 돈다
동시에, 내 안 속울음이 확 솟구쳐 올라
눈물 되어 식도를 타고 흐른다
피처럼 따스하다

오메, 이 달짝지근하고 쫀득쫀득한 면발
눈물 젖은 빵처럼
피 터진 삶의 적혈구에 적신 면발이 고소하다
눈물겹게 고소하다
시리도록

절연絶緣

절연을 서러워하는
묵은 잎새가 눈물겹다
새순 돋는 물오른 가지에 여전히 몸 붙여
입때껏
한 겨울을 버텨 온
깡마른 잎들이 서럽다

이젠 정말 가야 한다
속울음처럼 안에서 치고 나오는 생명에 대한
경외를 표하며
기꺼운 몸부림으로
새 봄에 자리를 아예 내어주고
먼지처럼 스러져 가야만 한다

잔인한 봄
거부할 길 없는
밀고 차오르는 것들
추한 욕망에 살 섞어 댄

떨쳐 내지 못한 허명이여
밀려나기 전에
미리 떨쳐내버렸어야 했을 집착이여

끈적이는 봄
산뜻하게 죽어 파릇하게 부활하는
봄을 교훈 삼지 못한

저물녘

제2부
낙타의 길

우치히사르*의 봄

비둘기 성채에 날아 든 봄

웨딩 사진 촬영에 나선
사랑에 백기를 든 웨딩드레스에서 이는 춘풍
봄바람타고 군무를 즐기는 비둘기 떼로 반짝 반짝 깨어나는 골짜기
머금고 있던 수줍은 꽃봉오리를 다투어 터뜨리는 화동花童들의 축포

겨우내 간직한 순결로
새봄을 빚는 희고 고운 면사포로 눈부신
우치히사르의 봄

* 터키 카파도키아에 위치한 우치히사르(Uçhisar, 우치사르) 비둘기 성채, 비둘기 집으로 가득한 바위 산

벤자민

갈릴리 사람 낚는 은빛 해변 너른 마당
한 우주를 이룬 숲 벤자민을 본다

내 집 베란다 한 뼘 화분에
갇힌 한 치 벤자민이 겹쳐온다

같이 다른
너를 떠나보냈더라면

겨우 한 평 베란다 공기 정화를 위해
우주로 뻗어나갈 네 발을 묶지 않았더라면

오른편에 그물처럼 내던졌더라면
깊은대로 의지한 말씀 내려보냈더라면

너, 도토리 속에 갇힌 상수리나무도
갈릴리 해변 우주를 밝히는 만인의 숨 되었으리

봄볕

봄이 불러낸 샤프란볼루 서사로 살갑다
불러 낸 봄볕 아래에서
지나 온 생애 봄날을 회고하는 샤프란볼루 백발들

왜, 샤프란볼루를 떠났었는지
어찌 어찌하야, 샤프란볼루로 되돌아왔는지

먼 길 돌고돌다가
봄볕 마를세라 다시 돌아 와

샤프란볼루를 촛농처럼 일생 지켜 온 벗에게
마음에 진 빚을 나직이 토로하고 있다

메하바*
그대에게 신의 축복이 있기를

인샬라**
떠남도, 귀향도, 지킴이 됨도 내 뜻과는 무관하나니

대처에서 산간벽지로 돌이킬 맘을 주신 이도
농투성이 흙손 지킴이로 일관하게 하신 이도
봄볕이나니

곡절 많은 삶에 따스한 하늘 위로
만년 봄볕이나니

* 터키인들이 점심 저녁 아무 때나 하는 인사 - 신의 축복이 있기를
** 신의 뜻대로

군살

길 나그네에게
무비자 입국을 허한 우즈베키스탄의 타산적 관용으로
환승 여백을 틈타 쭈뼛쭈뼛 가나안 정탐꾼처럼 잠입한
수도 타슈켄트 이름 모를 호텔

촉수 낮고 색조 음울한 커피숍에서 흡입하는
모닝커피 한 모금
혀끝에 톡, 반짝이다
목줄기를 감아도는 온기로 따뜻해 진다

게슴츠레 잠긴 눈이 풀리며
갈 바를 알지 못한 채 땅끝으로 집단 보쌈을 당한
한민족의 시린 실루엣이 어른거리고

극동에서 반대 극점으로
파시스트 망령에 의해 강제 이주당한
30만 고려인의 귀거래사
비애로 신 새벽 가슴이 아리다

간간이 차가운 빗발도 스친다
우雨'S 베키스탄

대의 대를 이어 온 모진 삶을
눈물로 다진 촉촉한 세월을 양념삼아
잊힐래야 잊힐 길 없는 토종 손맛으로
골수까지 우려낸 진한 뼛국에 공복을 달랜다

흩뜨려 모으시는 한恨 민족의 게토*된 돌 땅
여권에 찍힌 찰나적 흔적이
뇌리에 깊숙이 각인 되어 온 우즈베키스탄이
덜어낼 수 없는 몸의 살로 들이박혔다

* ghetto : 유대인 강제 격리 구역. 소수 인종이나 소수 민족이 거주 하는 도시 안의 한 구역

일출에 부쳐

밤이 맞도록 현란한 그물질 끝에
빈 그물만 씻고 있던 어부의 공복을
만선의 기적으로 채워
사람 낚는 어부 되게 하신
초심의 바다에 해가 뜹니다

날이 새어갈 때
숯불에 구운 떡과 생선 조반을 먹이신
아침 햇살로 다가오셔서
모든 허물 이겨낼 가없는 용서를 베푸신
재기의 바다에 해가 뜹니다

배반의 총질에 능한 시몬*을
굳은 온 교회의 반석 되게 하신
평범한 식물로 펼쳐 보이신 비범한 그 사랑
물 위를 걸어 다가오사
어둠을 걷어내시며
바다에 빠져 허우적대는 내 불신도

건져 올리십니다

동천
아바 아버지의 내 구원 염원이 일출하는
갈릴리 바다에서
돋는 해의 참 빛이신 이가

* 베드로의 자연인 이름, 본명. '총'이라는 의미를 지니고 있음

어머니의 강

세상과의 불화를 이겨내지 못한 채
두 팔에 진 짐 죄다 바통터치를 하고
일찍 떠나 버린 지아비 대신
뱃이물에 나서서 역류하는 거친 세파를
홀로 거슬러 올라가야만 했던
여긴, 어머니의 강입니다

날치처럼 펄펄나는 청춘들이
한 덩이 쇠처럼
뱃이물과 고물을 두 팔로 움켜쥐고
핏대를 올리며 끌고 밀어댔어도
어머니의 강은
역류하는 험로로
청춘의 기백을 무장 해제시키곤 했습니다

어머니의 강이 말입니다

보트 지기는
대략 7킬로미터 가량이나 되는
굽이진 강줄기를 거슬러 올라가야 한다며
어머니의 강에서 팔팔한 자존심 내려놓고
백기들며 하프 타임 휴식을 자청하더이다

허나, 만사 홀몸에 이고 지셨어도
평생 단 한 순간도 쉴 수 없었던
어머니의 강은

역류란 꿈도 꿀 수 없이
천둥처럼 내리치던
팍상한 폭포Pagsanjian Falls였습니다.

어머니의 강을 닮은 팍상한 폭포는
거슬러 올라가는 힘든 과정으로 빛난
동서고금의 명소였습니다

세상의 모든 연어들이
전생을 걸고 회귀하는 드세고 거친
어머니의 강
길고 가파랐지만 품 넓은 강이었습니다

일생 숨 죽여 울던
당신의 눈물이 폭포처럼 쏟아져 내리고 있는
천년의 사랑으로 오늘도 범람하고 있는
어머니의 강이었습니다

사다리

사다리에 기대고 있다
상징이 아니라 실재였고
모래 폭풍을 견뎌 낼 미래였던
언약의 사다리에 기댄 야곱의 하나님은
이미 이삭의 하나님 안에
그 먼저 아브라함의 하나님 안에
도토리 한 알 속 상수리나무처럼
거하셨다 함을 믿는 믿음으로

기댈 언덕이라고는
엄마 아빠 떠난 텅 빈 집 받치고 선
골다공증을 앓는 마른 기둥 사다리뿐인
눈이 퀭한 코흘리개 수사도

믿음에서 믿음에 이르는
야곱의 사다리에 몸 기대어 구하면
머리가 하늘까지 닿는
토네이도에 몸을 실을 수 있을까

수가성 여인의 사랑

하갈의 눈물이 앞을 가리고 있다 어서 밟고 넘어서라고 그녀의 포주 사라는 촉구하지만 나는 그녀가 눈에 밟혀 넘어설 수가 없다 우회할 수도 없다 유대를 떠나사 다시 갈릴리로 가실 새 사마리아로 통행하여야 하겠는지라* 교리가 그의 종교가 유대 민족혼이 거부하는 사마리아를 우회하지 않고 예수는 길을 갔다 굽은 것을 곧게 하시는 스트레이트파마로 무려 다섯 남편을 뒀으나 사람들 속의 사람일 수 없어 등 굽은 수가성 여인을 곧게 하시려 직진을 강행하셨다 하갈을 통과해야만 한다 아브라함의 죄업을 몸으로 부딪혀야만 한다 그녀를 통과하지 않고는 모세의 여정을 이어갈 수 없다 나는 그 샘 앞에 선다 이건 수가성 여인이 몸 바쳐 파내려가던 노역의 우물이 아니다 마른 사막에 촉 내민 연록은 사막을 터치고 솟구친 하갈의 단샘이다 처자식을 버린 아비 아브라함을 탓하다가 그 사랑마저 증오한 이스마엘의 후예들에게 악인과 선인에게 골고루 그 은총의 햇살을 오늘도 한 결 같이 비추어주는 하나님의 사랑 이야기다 집 나간 자식 다시 돌아오기만 밤새 기다리시는 당신의 긴 이야기

* 요한복음 4장 4절

낙타의 길

가라 모세
길 없는 길에 길 되어 가라
바람이 제멋대로 빚어 놓은 형체 없는 모래 벌판
흔적 없는 바람은 족적 없는 모래 길을 내나
길 없는 길에 길 되어 길 가는 낙타는
바람도 탓하지도 않고 모래 벌판도 마다 않고
물기 없는 사막을 수로 되어 흐른다

보라 저 물혹 육봉들의 출렁대는 행렬을
인신 제물로 일깨우던 몰록*의 장막과
깜빡이는 단절 레판의 별**을 좇던
인육으로 깁은 신발을 벗어 내던지고
모래 벌판에도 묻히는 법 없는 거침없는 맨발로
광야 교회에 거하시는 영원한 현존
그 거룩한 임재 떨기나무 불꽃으로 다시 돌진하는
저 서걱대는 사막을 무릎으로 걸어 벗겨진 용맹 정진을 보라

자기 안의 충만으로 물 없이 하루 40킬로미터를 전진하듯

40주야 맹렬한 시내산의 기갈을
하늘로 흐르는 사막의 생수로 적신
보라 저 초월과 맞닿은 튼실한 육질을

버려져 바로의 궁궐로
다시 버려져 광야 미디안으로
되돌아 와 이끈 출애굽 길
느보산에서 끝내 버려지기까지
다다를 수 없는 시원始原의 안락
낙타는 항상 길 위에만 있으니

가라, 모세 길 없는 길을 가라
오늘도 길 없는 길에 길 되어 가라

* 몰록(Moloch) : 고대 셈 족이 섬기던 화신(火神)). 아모리 족속이 섬기던 우상인데 이 우상에게는 특히 인신 제물이 바쳐졌다(왕하23:10;행7:43).
** 레판(Rephan)의 별 : 애굽인들, 앗수르인들, 베니게인들이 숭배했던 별 우상으로서 아마 토성을 가리키는 듯하다(행7:43).

대협곡 그랜드 캐니언

누군가가 나를 연모해
가없는 사랑의 수고로
온 밤을 지새웠을 것임을 부인할 수 없는

누군가가 나를 위해
마르지 않는 사랑의 손길을 펼치지 않았다면
결코 빗어낼 길이 없었을 대협곡에서
사랑의 본체와 마주하게 됩니다

그리고 누구도 당신 외에는
사랑의 본체일 수 없음을 고백하게 됩니다

사랑의 본체이기에 감히 묘사할 수 없으나
당신을 향해
벌어진 입은 닫히지 않고
열린 눈은 꿈뻑일 수 없으며
돋은 소름은 가시지 않고
부동자세도 풀리지 않습니다

잊었던 그 당신을 기억나게 하는
그 사랑의 대서사시
그랜드 캐니언에 오르면

유타 주에서

붉은 땅의 사람들은 마음도 붉었네
오염 모른 한 처음 흙처럼

원죄 없는 붉은 흙으로 빚어 사람 된 아다마
붉은 사람 아담처럼 변색 없이 여전히 붉은
생령을 머금은 붉은 흙
변절 없는 원 마음이 살아 숨 쉬는 땅
유타에 아다마가 살고 있었네
맘 붉어 등대 된 사람이 살고 있었네

호적하러 몰려 든 작은 고을 베들레헴
특실 구유를 기꺼이 내어 준 구속사의 문지기처럼

메모리얼 데이 특수로 빈방 없음
박절한 외마디 응대에 지친 대륙의 밤길을 헤매던
두 살배기와 팔순 노모에게 빌붙은 길손들에게

촉촉해진 눈시울로 제 살점 떼어 내 주듯

길 나그네들에게
너 살리고 나 구원 받은 기생 라합의 내실
선뜻 내어 준 아다마가 살고 있었네

맘 붉어 등대 된 사람이 살고 있었네
맘 붉어져 구원에 이른 사람이 살고 있었네
아직도 붉은 유타에는 살고 있었네

물의 승천

꿈틀거리며 밀려 든 수색水色 깊은 무지갯빛 꿈들이
이천육백 피트 길고 긴 꿈결 같은 물 띠를 이루며
몸 낮추고 맘 낮춰 낮고 낮은 데로 흐르다가
몸 내던진 나이아가라 말발굽 폭포

어깨를 겯고 뛰어 내린
죽어 다시 살 결기와 함성으로 세찬
몸이 으스러지고 뼈가 빻아져
물안개로 피어오른 물의 투신

저건 너를 위해 나를 메다꽂은
저 천길 나락 골고다의
천지를 품은 희생양의 대속의 낙폭

하강함으로만 비상할 길을 얻는
투신으로 이룬 주검 없는 물의 승천

거듭난 물보라는
다시는 심판 있다 아니 할
쌍무지개로 뜨고

제3부
수시렁좀의 날개

첫눈

마른기침 한 번 없이 불현듯 내린 눈
발신인 숨긴 손 편지 같은
첫 마음을 까치발로 다가가
두 손 모아 안아본다

찬피 동물 같은 내 체온에도 녹아들어
온기를 발하는 이 친밀감
겨울을 견뎌낼 기운을 얻는다

첫사랑처럼
딱 한번 내려 이내 녹아버렸어도
계절이 끝나는 이 날까지 기억해 찾아 준
너에게서
나는 나를 이겨낼 새 힘을 얻는다

첫눈은 이후 겨우내
다시 나를 찾지 않을 것이나
단 한 번 간직한 첫사랑 같이

차가우나 내내 따순 기억의 힘으로
엄동설한 내내 나를 이끌어 가리라

다시 삼백예순날을 지샌 후
나를 나 몰래 그 누가

첫눈처럼
다시 찾아 줄 그날까지

사랑의 건축학

천년 흑암 고수동굴에는 사랑의 건축학이 있다
천년의 사랑을 키워 온 사랑 짓기가 있다

사랑 건축학 첫 장
종유석으로부터 물이 떨어지는 바닥에서 석순이 자란다

흘러내린 종유석을 향하여
타오르는 저 석순
빗물처럼 눈물처럼 핏방울처럼
사랑은 위로부터 왔다

위에서 떨군 부피만큼
자라고 자라 올라
그 사랑에 하마터면 닿을 듯한

하늘이 내민 입술에
가없는 발돋움으로 접촉을 고대하는
애타는 저 입맞춤

천상을 연모해
발끝으로만 선 발레리나처럼
위로부터 내려
다시 제게로 돌이키려는 애절한 힘

억겁의 흑암 동굴 속에서
몰래 키워 오다 반짝 들킨
한 눈물, 한 피톨, 한 몸 되고픈
사랑 바위

종유석과 석순의 천년의 비의祕義
사랑의 건축학 원론

능소화

구름 너머에서

손을 내민
편팔

손이 짧아 맞잡지 못했다

외려
볼 붉어진 하늘

가시나무

돌아 갈 다리를 하나 씩 끊으며
돌아 갈 땅에 지뢰를 하나 씩 묻으며

돌아 갈 인연마다
점점 가시 못 박아 놓으며

용맹 정진으로 이룬
바람 끝 혈의 누樓

손에 쟁기를 잡고 뒤를 돌아보는 자*는
다다를 수 없는 시간의 끝

* 누가복음 9장 62절

연蓮

가장 무른 땅에다
가장 강인한 줄기를 꽂아서

진펄에 내린 뿌리로
바닥이 뵈지 않는 생의 심연에서
길어 올린
가나 혼인 잔치의 물색

밤샘 헛된 그물질로 지친 허무 바다에서
벼랑 끝 믿음으로
심령 깊은 곳에 그물을 내려 맛 본
만선에 동튼 희색

물 위를 걸어오신 이가
선보인
죽어 다시 산
불가해한 영생의 신비에 놀란
영원에 잇댄 화색

삼각산

자기 형상이
제 이름을 드러내는 산처럼

드러낸 자기 얼굴로
하나님의 형상이라 칭함을 받을 수 있을 날이
행여 내게도 오려나

큰 바위 얼굴을 타고 오르는
페달을 밟는 발목이 시리다

수시렁좀*의 날개

애벌레가
자신의 입에서 자기 제어를 위해
불만으로 토해 낸 포승줄로
뒤집힌 세상과 절연하고자
자신을 친친 감아 꼭 동여맨 고치에서
희고 질 좋은 명주실을 뽑어내듯

누에 애벌레만도 못한
수시렁좀도
자원 유배된 데린구유 천길 나락에서
무릎을 굽히면

출세보다
어려운 절연과 은거로
거친 세파를 비단길 만든 절해고도의
수사修士처럼

네 번 모습을 바꾼 후에

고치를 짓는 누에 애벌레마냥
흰 밤을 뒤척이며
신 새벽을 마지못해 견딘 힘줄로
자신을 칭칭 감아 꼭꼭 동여매는
고치가 되면

예루살렘 밖에서는 죽는 법이 없어
슬픔의 길을 자청하여 홀로 걸어 들어갔다가
나풀나풀 부활의 영광으로 변모한
빈 무덤의 주인 마냥

날개가 돋을까
날개가 돋을 수 있을까

* 수시렁좀 [동물] 수시렁이의 애벌레. 몸길이는 1센티미터 정도이고, 모양은 반대좀 비슷하며 온몸이 적갈색의 광택 있는 털로 덮여 있다. 모피, 누에고치, 곡류 등을 파먹는 해충이다.

슬픔의 총량

에너지 총량의 법칙처럼 슬픔의 총량도 있다면 그날 슬피 울며 이를 갊이 있으리라는 재림주의 경고를 무화시키려면 우리는 반드시 이 땅에서 슬픔의 감각을 잃지 않아야 한다 너무 심한 우울증에 걸린 이들의 서둘러 간 주검 앞에 서 보면 그들은 사람이 이 땅에서는 결코 다 탕진해 버릴 수 없는 슬픔의 총량을 거의 다 소비해 버렸음을 알게 된다 하여 영혼의 감기를 심하게 앓다가 창졸간에 하늘나라로 휴거한 이들을 그 누구도 정죄하지 않는다 이 땅에서 과분한 상을 받은 이들에게는 하늘 상급이 일체 없다고 예수께서 말씀하신 것처럼 지금 여기서 다 슬퍼해 버리고 죄다 울어 버린 이들이 맞이할 내일은 아픔도 슬픔도 죽음도 별리도 없는 신천신지이리라는 경의 말씀은 실로 아귀가 딱 들어맞는 과학적 진리다 하여 이미 운자들의 하늘나라는 웃음꽃이 만발하리라 이 아침 마태복음 24장 인자의 도래를 묵상하던 중 그 날에 거기서 슬피 울며 이를 갈게 될 이들은 그 전야까지 눈물 한 방울 타인을 위해 흘린 일이 없던 외려 타인에 가한 행패와 흥청망청 자기 방탕으로 이 땅에서 호사를 누린 자들이다 울음에 너그러워라 나여 우는 자들과 함께 울어 줘라 깊고 비통한 쾌감 탄식만이 탕진할 수 없는 자산인 무저갱으로 빨려 들어가지 않으려면 제발 구두점 없이 발하는 그 분의 탄식이다

비린 비

맨 가뭄에 알곡 한 알 제대로 거둘 수 없는
빈 들판
마른하늘에 살랑대는 여우비

화들짝 반길 수도 외면할 수도 없는
24시를 훌쩍 넘긴 시각
달포 해포 만에 출몰한 길손

매장에 불을 끄고 간판도 내린 채 호객 행위 한번 없이
화병의 꽃처럼 뿌리 없는 개점을 맥없이 유지하고 있는
영혼의 주막에

오늘도
여우비가 내렸다

한 줌 비에 내 맘 쓰이는 까닭은
촉촉해서도 흡족해져서도 아니다

삼킬 수도 내뱉을 수도 없는

비린 비지만
단골 없는 주막에 단골 된 뜨내기들로 인해
산소 호흡기를 떼어내지 못하는

스치는 비바람에 소름이 돋듯
단 한 번 들려 준 것만으로도
존재의 이유를 득하는

천성 길
나는 목로주점 객주

어둔리

서둘러 온 어둠이 애틋한 안식된
어둔리의 이 밤은
이미 어둔 생 된 암 병동에서
어둔 내장 뒤집어 반생半生을 떼어 내
밝은 창공에 아련히 매단
낮에 나온 반달

어둠이 한 발짝 먼저 찾아 와
어둔리라 불리는 쉬 어둔 이 골짜기에서
대낮 천지 어둠을 몰고 온 세찬 폭우소리를
옥창獄窓을 통해 무사한 맘으로 듣는
낭랑한 무기수의 안식처럼

죽어 다시 산 이들이
저 생에서 이생을 바라보며 토해 낸 거듭남의 감격처럼
반환점을 먼저 돌아 한낮에 어둠을 탐독하는
한 발 앞 선 죽음을 담담히 관조하는 생의 이 희열

동창東窓이 벌써 밝아 납덩이 된 저 대처大處의 아침보다

발걸음도 가벼운 이른 하굣길마냥
반생半生을 암 병동 영창에 붙들어 매단 후
서둘러 찾아 든 어둔리의 이 밤은

반생을 이미 날린 그 허허로움마저도
야문 안식되게 한 어둔 흰 밤

제4부
환지통

건져 올리고 싶은 건

천년 세월이나
가만히 있으라는 애국적 엄명에 순명한
유골 조각이
발견 되었다는 보도를 접하던 순간
구토와 눈물이 동시에 솟구쳐 오르는
양가감정이 일었다

건져 올리고 싶은 건
꽃말이지
부고가 아니기에

끌어 올리고 싶은 건
희망이지
마른 탄식이 아니기에

보듬어 안고 싶은 건
따사로운 체온이지
한기가 아니기에

천일 만에
동물 뼈로 판명이 났다는
후속 보도에
울렁이던 속이 가라앉았다

모로 누운 돌

목포 신항
세월호 수습 광장을 향해
천 날 만에
목포대교를 타고 넘는 순간

멀리
눈에 유표히 든
등 돌려
모로 누운 하나님

가속 페달을 놓쳤다

안간 힘을 다해 타고 넘은
제 속력에 겨워
절로 미끄러져 내려가

억지로
코앞에 다다른
눈 하나 깜박하지 않는
미동의 돌심보

가만히 있으라며
가만히 있었던

가만히 있어
너희를 건져낼 내 구원을 보라던
부동 여제의 매정한 허언

그 돌 마음대로 내어버려 두신
저건
하나님의 낙담

꽃 진 바다에
마냥 섭섭해 모로 누워 흘린 눈물만이
얼룩졌더이다

뉘렁게 뉘렁게 싯뉘렁게

좌회전은 비보호

좌회전은 비보호
찌그러지지 않게 눈치껏 처신할 것
좌현으로 기운 배도 비보호
움직이지 않는 파라오처럼 미동도 말 것

서편 하늘 쪽배가 온 우주였던 아이들에게
호화 크루즈가 웬말이었느냐는
따가운 우익의 눈총에
몸에 밴
좌현으로 기운 맘 문
꽉 닫아 건지
천년을 넘겼건만

엊그제 같이 방치된 영원한 오늘
4월 16일

팽목항은 여전히
비보호 좌회전이고
작금 세상은 죄다 한통속이 되어

귀에 살아오는
아벨의 핏소리에 귀 눈 막고
동쪽으로, 에덴의 동쪽으로

질주하며 창파에 내던지는
인간사 뿌리 깊은 자기기만

내가 내 아우를 지키는 자니이까?*

* 창세기 4장 9하반절

가래톳이 섰다

한 식경도 채 못된 산행에
흰피톨 무덤이
내 가랑이에 봉긋 솟아올랐다

동족상잔 상처의 고름
지리산 충수蟲垂 용산 전망대

백혈구 봉분에서
내려다 본

사상없는 인민해방으로 붉었던
눈시울에는
백로 왜가리 저어새가 기숙하고

흑두리미가 날고

환지통幻肢痛

하루도 쉬는 법 없이 진종일 나무만 해대는 나무꾼 할아버지는 외팔이였다 나무에 미친 이유를 캐묻자 통증을 잊기 위해서란다 이미 잘려나간 팔이 아프단다 팔다리를 절단한 환자가 사라진 수족 때문에 저리고 아픈 현상은 잘라냈어도 살아 있는 뇌의 신경 때문이란다 없는 수족을 극심하게 앓는 통증 잊으려 날마다 산으로 들어 간 외팔이 나무꾼네 마당 가득 숲을 이룬 장작더미들은 잘려 나간 당신의 오른 팔 마른 고통을 해소해 주던 환각제더미 남북이 북남이 서로 단절된 강토를 앓는 무장 없이 무장 당한 비무장지대에 들이박힌 무수한 부비 트랩들은 서로 한 팔 잃은 상실을 앓는 민족혼의 부산물 육박전 없이 육박전을 치르고 있는 철원 평야에는 오늘도 분단을 앓는 넋이 떠돌고 너를 잃은 내가 아프듯 나를 외면한 너도 외롭다 돌아 갈 길 없는 고향이 상처이듯 분단된 조국을 역사가 앓는다 유성을 잃은 슬픔에 소리 죽여 우는 우주처럼 밤마다 홀로 삭이는 상실한 인연으로 너와 나의 가슴앓이가 블랙홀처럼 깊다 탯줄에서 잘려 나오는 순간부터 퇴출 공포증에 시달리며 우는 인간사 울지 않는 영혼이 없듯

도수 치료

테니스 엘보로 오른팔 작동을 멈췄다
왼팔이 살아있어 다행이 아니냐 내던진 덕담에
총알같이 마루타는 증언한다
왼팔도 더 이상 팔이 아닙니다
봇짐 하나 맞들어 올릴 수 없이
오른팔이 불구 되니 왼팔도 무늬일 뿐입니다

남과 북이 갈라선지 70년을 넘겼다 함은
불구로 일생을 마감한다 함이니
남이 없는 북이 없고 북 없는 남 없음을
이산의 피눈물 다 마른 후에야
에피메테우스 후예답게 뒤늦게 깨달아 알았음을
천하만국에 공표하며

불치병을 난치병 수준으로 조정하는 국면에 이르게 된
작금 남북 북미 정상 회담 운운하는 상황이
얼마나 실상은 반민족사적 슬픈 현실인지
팔을 비틀어 본다

아아, 오른팔을 감싸는 왼팔
오른팔이 왼팔이며 왼팔이 오른팔이다

민족은 하나다
불치에서 난치로 난치를 완치로
반만년이나 하나를 이루어 온 조상들의 곰삭은 지혜로
반드시 하나 될 완치 처방을
숨죽이고 지켜보며 견디고 있다

지금, 도수 치료 중

저것이

세기 말, 엘리사 선생이
무릎을 꿇고 엎드려 아예 납작 엎어져서
풍진風塵에 절은 노구로
용상龍床 된 강단을 눅눅하게 적시고 있다

레임덕을 부추기던
세상권력자들의 제 허물로 인한 굴신을
무너질 수 없는 지존자의 강단에서
만천하에 당당히 재현해 내고 있다

그 문란했던 백년 잔치가 끝났다

저것이
시내산 가시떨기 불꽃 앞에 벗어 내던지던
모세의 신발이었더라면

아니, 저것이

아들 앗긴 바로의 뒤끝 있는
악어의 눈물이었더라면

차라리, 저것이
전능자의 절대 위엄 앞에 고꾸라진
다곤의 신상이었더라면

세상조차 이길 힘이 없어
하나님이 내어버려 둔
불의, 추악, 탐욕, 악의, 사기, 배약, 우매
상실한 마음대로 내어버려 두신 갖은 추악상

저것이

밀림에서

깊은, 뉴기니Dutch New Guinea 밀림에서
소유권 분쟁이 있었다는데

절로 자란 파인애플 따먹었다고
독일 산 셰퍼드 풀어놓고 하루아침에 문 걸어 잠그는
낯선 이방인의 기이한 복음에 고개를 가로저으며

이 밀림에서는 돈 주고 묘목을 산 사람이 파인애플의 주인이 아니라
이 밀림에서는 땀 흘려 묘목을 심고 가꾼 사람이 그 소유주라는

피고용인 원주민의 원시 복음으로는
이해할 수 없으니 용납할 수도 없는

돈으로 만들 수 없는 묘목을
돈으로 자라게 할 수 없는 나무를
돈으로 열매 맺게 할 수 없는 파인애플을

돈으로 제 것 삼는
돈으로 만물을 재는
돈만이 복음인

돈과 원시림 사이
땅과 하늘 복음 사이
남의 땅에서 돈으로 고용주 된 선교사와
제 땅에서 돈 때문에 품팔이 된 원주민 사이

깊은, 뉴기니 밀림에서
참 소유권 논쟁이 있었다는데

출국

두테르테를 수입하러 간다
살은 발라내고 뼈만 추려올 거다

분을 거둔 의분을
탄핵 없는 권좌를
증오 잃은 절제를
편견 없는 상식을
즉흥을 뺀 냉정을
메스 안된 수술을

수입해 올 거다
총검 제거한 가늠쇠
두테르테를

제5부
내 곁에는

모진 인간이

시신屍身을 기증하겠노라 서명을 하고 돌아와 누운 허전하고 서늘한 밤 뒤척이며 잠 못 이루는 내 영혼이 어둠을 더듬어 다시 밤을 밝힌다 깊은 잠에 빠져들었는가 싶었는데 여전히 깨어 함께 뒤척거렸다는 듯이 아내가 단절된 어둠을 넘어 말을 건네 온다

정말, 기증하실 건가요
그래, 정말이지

그게 당장 살점 뚝-, 떼 내어 주는 것도 아니라는데 머~언 훗날 일이라는데 살아 생명 떼 내어준다는 이도 있다잖아 다 죽고 난 후에 일인데 뭐 혼잣말로 중얼대며 아내를 본다 까만 불빛 사이로 비친 그녀의 눈시울이 촉촉해진다 살아서도 온전히 독차지해 보지 못한 남편을 죽어서조차 잃어야하는 서러움 때문일까

이때까지 살아 따사로운 미소 한 모금 보낸 적 없는

모진 인간이 짐짓 자비의 화신인 양
그리도 선뜻 제 몸 팽개친 만용이 애처로워 뵌 걸까

다시 한 덩이 돌로 돌아누운 이 밤
깊고 한 없이 길다

시린 손

주일을 보낸 이 새벽에 교회 화장실에 들어갔다가
보행 장애가 심한 교우가 한 발 늦게 뒤처리해
분糞기탱천한 매화틀을

비아 돌로로사 베로니카 손 되어
그 당신의 용안인양
무릎 꿇어 눈물로 훔치고 닦아낸
향내 나는 손길로

가석방 첫날
배우고 익히는 즐거움으로
한양 도성 낙산 허리로 자원하여 모여 든
십자가 전사들이
다시 한 주간 맞설 영적 쟁투를 격려하는
복음승전가를 쿵쾅
거친 세월을 이겨낸 강인한 악력으로
북돋우려

맨손으로 털레털레 앞서가다가

흠칫 뒤돌아보며
멀쑥 반쯤 내민 희멀건 나의 손을

양손으로 들어야 몸의 균형이 맞는다며
슬며시 뿌리치는
운명의 얼음장을 맨손으로 까부수느라
정상 체온을 유지할 찰나도 없었던

숭고미를 넘어
따스한 피로 세상을 온실 되게 한
스스로 나무에 못 박힌 그 손을 닮아
늘 시린 그대의 손

백치

아무도 모른다 아~무도
다람쥐 도토리 물어 나르듯
나 혼자 새벽에 사브작사브작 갔다 버리니까

누군가가 치우겠지
교회에서 버리는 것들 절로 하늘로 휴거되겠지 다져진
종말론적인 믿음으로

소비할 권리만 있고 뒤처리해야 할 의무가 도시 없는
마른 무화과 열매 하나 이상의 무게는
들어 옮겨서는 안 된다는 안식일 규례에 젖은 율법주의자들이
믿음으로 소비하고 믿음으로 버린
갖은 쓰레기, 짓무른 오물에 뼈를 녹이는 감정 언어들까지도

홀로 수습하는 노고 그 누구가 몰라줘도
오른 손이 한 일을 왼손이 모르게 해 낸 희열에
늘 신바람 났었다며
홀로 교회를 짊어지고 가는 낭랑한 목청

만물이 게으른 기지개를 켜는
봄날 이른 아침에
동창을 활짝 열고 들어서면서
백목련 꽃봉오리 같은 백치白齒를
환~히 드러내 뵈고 있다

천사같이
백치같이

곰곰

내가 어지간하면 말 안하려고 했는데
보다보다 못해서 하는 말인데
자고 일어나면 제발 뒤집어놓은 이부자리나
좀 반듯하게 개켜놓았으면 해

만삭의 딸내미가
철분 부족 운운했다며 반찬거리 준비하느라
염천에 진땀 빼며 조리대에 붙어 있는
아내가 반말로 내뱉는다

세마포가 개켜 있던 장면은 예수 부활 이후였지, 아마
산 자는 이불 개켜놓는 자가 아니야
살아 있다는 건 너저분하다는 말의 다름이 아니야

도리어 고마워해야 해
널부러져 있음으로 살아 있는 내게

어느 편이 이득인지 곰곰이 생각해 봐

……….

답이 없다
답이 없다니

……내가 곰곰해졌다

밥값

지난 해부터 오늘까지 연이어진
속수무책 코로나19 경제 위기 속에서
밥값이 녹록찮게 지출 되고 있다며
드러낸 아내의 치아가 외려 곱다

엥겔 계수가 높아졌다는 말이지만
밥을 사야할 만한 경사스러운 일들이 넘쳐났다는
밥을 같이 먹을 수 있는 사람들로 북적거렸다는
밥값이 밥값을 제대로 하고 있다는 반증이라서

쌀독 비워내는 소리가 현재 진행형이나
퍼내고 퍼내도 바닥 긁는 소리 들린 적 한 톨 없는
밥상 공동체로 순적하게 회복시켜 주고 계시는
가없는 그 은혜로
빈번히 긁어대는 카드 소리는
다투어 피어나며 새 봄을 알리는 화신이자
메마른 땅을 적시는 촉촉한 봄비 소리일 뿐이니

얼씨구 당당

하늘 해별에 고무된 우리네
밥값 타령은

고구마를 콕 찌르다가

새벽 3시부터 오전11시 주일 예배 시까지 엉덩이에 불붙은 파발마처럼 집과 교회를 서너 번 씩 오가며 성일 준비를 위한 허드렛일을 도맡아하는 아내가 오후 늦게 팔이 뻐근하다며 내 앞에서 오른팔을 휘두른다 구별된 날 세상 사람들과 어울린다는 게 유덕할까 내던진 나의 반문에 그녀가 시위라도 하는 것처럼 팔 한 번 풀고 오겠다며 보무도 당당히 아파트 단지 내 탁구장으로 향하며 고구마 15분 후쯤 콕 찔러 봐 달라 명했다 고구마를 콕 찌르다가 안식일이 목사 아내를 위해서도 있는 거라는 예수의 보훈이 맘을 찌른다 목사 아내를 위해 존재하는 안식일이 과연 단 한 주라도 있었던가 허드렛일 할 때도 주의 임재를 맛봤다는 어느 수도사는 남자였지 아마? 이 땅의 일만 이천 목사 아내들은 이 시간에도 교조적 성속 칼질의 노예로 안식과는 거리가 먼 시간을 보내고 있으리라 목사 아내들이여 당신네 남편에게 고구마를 찌르게 하라 하여 자신을 찔러 목사로 구원받게 하라 그녀들의 안식을 범하게 한 죄에서 천국에서 용서받지 못 할 유일한 죄에서

홍시

내 마음의 차례상에 올립니다
홍시

당신이 세월에 빌어 녹인
홍시

노을 녘에 붉어진 눈시울
홍시

오셔서 드세요
홍시

이젠 마음의 차례상 외엔 올릴 길 없는 후회
홍시

부두 남강

외조부께서 별세하셨다는 부음을 듣고
별리의 슬픔을 쏟아내려
엄마는 남강 부두에서부터 십여 리 떨어진 친정 길을
삶과 죽음의 돌이킬 수 없는 단절을 미처 인식하지 못한
이 코흘리개에게 배설을 허할 시간도 없이
애도 일념의 길을 재촉하시었지

거센 딸네미의 한 치 앞길 분간하기 어려웠던 일생처럼
딸의 모진 운명을 죄다 안고 떠나시겠다는
친정 아버지의 옹근 다짐이
그날따라 유독 거센 눈보라 되어
소작쟁의 암태도 지천에 널린 허기를 다 쓸어가는 듯 했네

부두 접안이 어려워 나룻배로 옮겨 타고 간당간당 오간 뱃길
천사가 놓은 대교로 하늘하늘 오가게 되었다는 전언을 들으며
애곡도 겨운 찌든 운명에
뒤란에서 홀로 흐느끼시던 외조부의 막내 딸
내 어머니의

삶에 찢기고, 자식 도리 못해 무너진 회한이
젖 물리듯 전이되어 왔다

토해내지 못한 어미의 설움에 막혀
토해내지 못한 대물림으로
십여 리 길이 천 리 길보다 더 멀게 느껴졌던
이내 육신에

환시幻視 유감

동구 밖을 돌아드는 불빛

구시나무 아래 뒷짐을 지고
눈 시린 마을 어귀를
삼백예순날 24시 장죽 활활 태우며
천불 내며 응시하던

야밤을 탄 적군파에 끌려갔던
생떼 같은 두 아들의 무사귀환을 빌고 빌던
외조부님께서
맨발로 뛰어나가시곤 했다는
신기루를 본다

돌아드는 무망한 염원
반백 년을 넘겼어도
맨발로 내달리던 동구 밖

몽유병 연좌제에 부대끼는

미완의 6.25

동구 밖을 치고 들어오는
저 환시幻視

이북 사람

기억해 줌으로만 살아 있는 실존이기에
기억 없어 없었던 당신

나 외에 다른 신을 네게 두지 말라[*]신
계명을 좇아 행하기 위해서는
이북 사람을 기억해 내려는 불손을 범해서는 안 된다는
교리적 엄명이 있었기에 범생이는
육신의 아버지에 대한 기억을 초기화한 자리에
하늘 아버지만 모셨나니

최초로 말 걸어오신 당신의 신탁에 가슴 뛴 심부름
막걸리 주전자를 빼앗아 땅에 쏟아버리며
누가 네 아버지냐
하늘 아버지의 뜻대로 행하는 자라야[**]
엄마교의 단속에 걸려 무기정학을 받은 유년 이후
육친 아비 흔적을 지우며 독실해졌던 고르반[***]

혈연조차 배격해야 마땅한 왜곡된 유전遺傳 보전에

일생을 투신한 친자親子가 매정하게 그어 놓은
남방 한계선 언저리에서 여태 흐느적거리는
원시遠視 내 노안에 어리는 이북 사람

선뜻 올리지 못하는 제삿밥
교리는 핏줄보다 강하고

* 출애굽기 20장 3절
** 마태복음 12장 50절
*** 부모에게 드려야 할 것을 하나님께 드림이 되었다고 하면 그만이라는 유대교인의 유전. 부모 홀대 전통으로 하나님의 말씀을 폐하는 이들을 예수께서 책망하셨다(마가복음 7장 11~13).

뻐꾸기

아빠가 목사님이어서
언제든 기도를 구하고 싶을 때 구할 수 있고
교회가 집 같아서 너무 편하고 마음이 좋다던
아이가 교회를 나갔다 집을 나갔다

교회를 나가기 위해 집을 나갔고
교회를 나가기 위해 교회를 나갔다

아빠가 목사여서 좋은 점
구하고 싶을 때 언제든 구해지는 제 맘 편한 집
다른 교회로

벽 된, 뒤주가 된 영조英祖가 될 수 없어
풀어 놓아 자유하게 하라는 말씀을
사명공동체인 너와 내 삶에 적용해 보려
밤잠을 설치는 무른 목사의 급소를 절묘하게 찌르며
신 새벽 속이 아린다

붉은머리오목눈이 둥지에 알을 낳는

탁란의 실속과 비애를 톡톡히
맛보고 있는 나는
뻐꾸기다

대모大母 전상서
- 故 윤은경 권사

덜어내고, 잘라내고, 뜯어내고
빈집 된 육신으로
다 해내고, 다 내주고, 다 이루어 낸
우리네 꽉 찬 빈집 이야기네

순간을 영원인 듯 힘에 지나도록 살아 냈기에
죽음이 전혀 부끄럽지 않은
잘 죽기 위해 잘 산 모범을 보여 준
참살이꾼 윤은경 권사는
우리에게 서슬의 날이 되어 퍼렇게 살다 갔다

악성 종양 정도에 무너질 내가 아니라며
육신에 져서 육정으로 산 적이 없었다며
땅엣 것에 몸담지 않겠다고 매장도 단호히 거부하고
산 자들과 더불어 사람 살리는 생성에
남은 한 톨 골수까지라도 바치겠노라며
시신 기증을 자원하여
오롯이 지상의 양식 된 불멸의 생령

남달리 이룬 삶의 공덕을 성화된 기품으로
먼저 자신을 드러낸 법이 없었듯이

주검조차 치장하지 않는 가난한 마음으로
조문까지 사양한 하얀 주검

못 이룬 삶의 목표 없다 여겨졌던
철인 5종 경기 선두 주자였던 당신도
둘러보니 못 이룬 꿈이 하나 있었네

가문의 대모로서 동서東西 믿음의 가교를 놓으려고
오가려 했던 신대륙을 발치에 두고 천국행을 서둘렀다는 거
못내 애석하지만 완판 꿈팔이 당신도
못 이룬 꿈 하나쯤은 남겨 놓고 갔다는 점에서
우리는 당신에게서 맡나니, 사람 냄새를

선한 싸움 맹렬히 싸우고
달려 갈 길을 끝까지 마치고
믿음을 완벽하게 지켰으니*

대륙보다 더 황홀한 하늘에서
몸을 누이소서, 편히

* 디모데후서 4장 7절

실소실소

경사도가 8분의1 이하여야 하고 표면은 미끄럽지 않아야하는 경사로에서나 제 힘을 발휘할 수 있는 장애인 전동차가 그녀의 발이다 그런 그녀가 경사도가 8분의 5에 가까운 고개 위 비탈길을 넘놀아야만 하는 산꼭대기 반지하방으로 거처를 옮겼다 중도 장애를 입던 그 순간부터 예고됐던 인생은 움푹진푹 융기해안 그 자체였다 파이널 이브, 적자생존 자본의 정글은 빈속을 까발리듯 뼈대 헐거운 그녀를 산정까지 밀어올렸다 그녀가 제 발로 내려올 수 없는 곳 내려오면 다시 제 힘으로 올라갈 수 없는 곳 발이 묶인 그녀였지만 그녀는 시도했다 방파제를 타고 넘는 해일처럼 사력을 다해 섭리에 보쌈당한 첫날 전동차를 몰고 넘볼 수 없는 경사도를 타고 올랐다 초입 힘겹게 오르는가 싶더니만 웬걸 중뿔난 비탈길에서 힘이 딸린 그녀의 전동차가 일순 멈추는가 싶더니 득달같이 뒤로 확 밀렸다 중력을 거스릴 힘을 잃은 그녀가 외마디 소리를 질렀다 주여!!

그런데 그녀가 신봉하는 예배당도 산꼭대기에 위치하고 있었다 간헐천 베데스다 연못처럼 거슬러 오를 힘이 없는 그녀에게는 그 기적도 화중지병일 뿐이었다 비탈길을 계곡 급류처럼 득달같이 내리치던 전동차가 난간 벽에 콰광 부딪혔다 머리가 터지고 온몸이 으스러졌다 부러진 곳이 다행히 없었다며 병원에도 안 갔다 빨간 약으로 만족했다 걷지 못해 불어 난 몸집 덕에 살만 터졌지 뼈는 부러지지 않았다며

실실 웃었다
다, 주님의 덕이라고

나도 따라 웃었다
실실

베로니카 최경애

천 년 만에
먹여주고 놀아줬다

감격에 겨워 벳새다의 기적을 즐기는
그녀의 식탁 위에 내 눈물이 비쳤다

아홉은 어디 갔느냐?
너도 가려느냐?

한 아버지뿐이듯 한 목사뿐인
매정한 건기를 자력으로 견뎌 낸 저 우매한 지조
세상에 두기에 아까운 인간 보혜사
전동 스쿠터 드라이버, 최경애

동네마다 바보 하나쯤은 있어서
진실이 숨 쉬듯
영리한 것들 판치는 성막에도
천치 하나쯤은 있기에 신탁이 임하는

그리스도의 남은 고난*을 손수건에 훔치는
베로니카 최경애

하늘 영감을 일깨우는
비바람이 분다

늦은 비가 내리려나

* 골로새서 1장 24절

퐁퐁

저 헛간에서
웃음소리가 퐁퐁 터져 나왔다

내 어머니의 파안대소가
가난해서 행복했던 날
가난해서 웃을 수 있었던 시절

가난 밖에는 비교할 그 무엇이 없었던
기름진 웃음소리가 들썩인다

양철 지붕 위의 나비가
화들짝 삼박자 춤곡으로 날아오른다

하늘이 말개졌다

내 곁에는

내 곁엔 교회 사업 잘 되느냐고 무슨 담배 태우느냐고 목사인 내게 진지하게 묻는 교인이 있다 아내가 안부를 물으며 “새해에는 얼굴 좀 보여 주세요”라는 문자를 넣었더니 즉각 날아들었단다 셀카로 콱 찍은 일그러지고 시커먼 그의 얼굴이 자칭 유대인의 왕이라는 문자에만 정치적으로 함몰 되어 예수에게 내린 사형 언도에 가이사의 직인을 콱 찍어 댄 본디오 빌라도처럼 아내는 황당해 했다 144,000 수에 목 맨 구원파가 저기에만 살고 있는 것이 아니라 바로 내 곁에서도 살아 생동하고 있고 비유로 포장하신 말씀에 축자영감식 해석만을 셀카에 담아 실시간 하늘에 전송하고 있는 나도 은유로서의 하늘을 황당하게 하고 있는지도 모른다 교회 '사업' 잘 되고 있다고 담배는 '아리랑' 담배 태운다고나 답해 줘야 소통되는 목사라고 날 인정 해 줄 그 황당 시추에이션의 주인공처럼 이내, 채워 주신다고 해 놓고 즉시, 갚아 주신다고 해 놓고 곧, 오신다고 해놓고 왜? 이내, 즉시, 곧 응답해 주시지 않느냐고 하루살이 식 항변을 해대는 나도 예수의 비유를 깨달아 알지 못하도록 봉쇄당한 서기관이 아닐까? 그의 천사들을 실소 짓게 하는

C2현으로 울다

베데스다복지재단 운영위원회 회의 도중에 이런저런 말이 돌고 돌다가 악기 첼로 이야기까지 나오게 되어 현악기 중 첼로 소리가 젤로 좋다는 장애아 엄마에게 사람 소리와 흡사한 음역을 지닌 악기라서 그럴 거라고 응대해주다가 그만 아무 생각 없이 레알 아무 개념 없이 내일 첼로 전공자 서울음대 출신 내 조카아이가 예일대 시험 본다는 소릴 흔연히 내뱉고 선 걔네들은 초등학교 때부터 누가 자기 서울대 입시 경쟁자인 줄 알아왔다는 선민들의 특설 링에 대한 비사를 자랑삼아 늘어놓자 일순 고개를 뒤로 젖히는가 싶더니만 이내 장애 아동의 엄마이자 운영위원인 시린 그녀가 우리도 그렇지 우리도 그래 얼굴을 앞으로 확 디밀어 동병상련을 앓고 있는 옆자리 학모부의 눈을 애써 맞추며 우리 애들도 여기서 만난 친구들과 일평생 주간보호시설 입소 경쟁자로 살아가게 되는 것과 동일하다며 가슴을 뻐긴다 예일대 만큼 들어오기 힘든 주간보호시설 입소자 학부모인 선민 그녀가 등가等價로 뻐긴 그 억지에서 불끈 피고름이 솟구쳐 올랐다 내 가슴이 낮은음자리표로 울었다

왼손잡이 양동춘 목사

우연히 교회를 나갔다가
학창 시절 내내 체육 시간마다 열외를 당하던
외팔이에게도 탁구 라켓을 쥐어주는
예수를 만났으나

입으로만 장애우로 불러주던
예수의 교회는 목회의 자리를 원하는
왼손잡이에게 틈을 내어주지 않았다

모압 왕 에글론 닮은 교권주의자들의
외팔이에 대한 편견 속에
왼손잡이는 목회 자리도, 목사 안수도 허락 받지 못한 상
태로
18년 동안 모압에 눌려 살았던 이스라엘처럼
광야에서 전도사로 18년을 보냈으나
그는 사명의 칼을 놓지 않았다
에훗처럼

인내로써 인내를 이룬 성령의 검으로

성령의 하나 되게 하시는
전 지구적 나눔을 불같이 실천하고 있다
현세의 왼손잡이* 사사 에훗 양동춘 목사는

오늘 장애인의 날
지난 서너 해 아침마다 몸 내던져 훈련에 매진한
탁구 실력을 만인에게 보여주려고
없는 급수 10부, 벽을 부수고 만들어 준 주최 측의 배려로
왼손잡이 에훗은 목회자 탁구대회에 출전했다

탁구로 사명의 골짜기로 유인하셨던
여호와 하나님의 모략으로
누구도 예측할 수 없었던 외팔이의 인생 승리를
그는 우리에게 잔잔히 서비스했다

그 무모한 도전은
외팔이의 무분별한 용기가 아니라
두 팔로도 이웃을 끌어안지 않는
육신 멀쩡한 인간들의 헛바람 든 심령을
깊숙이 찔러 댄

칼자루도 날을 따라 들어가서 그 끝이 등 뒤까지 나**간
통쾌한 복수였다

하나님의 복수

이름의 뜻대로
한 때 젊은 사자였던 에글론이
이젠 복부에 찔린 칼을 빼내지 못할 만큼 기름 때 가득한
매우 비둔한 자*** 이기에
당한

* 본문의 왼손잡이로 표현된 부분은 히브리어로는 이쉬 잇테르 야드 예미노 이다. 즉 이 말은 오른손이 장애를 가진 남자라는 의미다.
** 사사기 3장 22절
*** 사사기 3장 17절

제물祭物

이렇게 사는 게 아닌데 혼잣말처럼 읊조리며 아내가 매일 밤 울었다 남편의 중도 실명을 일방적인 하늘 선물로 부여받은 아내를 위무하느라 능란하게 하루아침에 침술사로 변신하여 매달 기백만 원씩 딱딱 손에 쥐어주는데도 그녀의 찬 손이 밤마다 울부짖었다 빛 없는 세상에 빛으로 오신 예수 역할극의 주인공 역에 딱 맞게 조물주가 야멸차게 손 본 두 눈 다시 빚으신 목적대로 살지 않는 맹인 침쟁이의 소명 해찰이 안타까워 밤마다 탄식하시던 성령 하나님 여느 일상처럼 깊은 잠을 이루지 못하며 함께 뒤척이던 어느 한 밤 벧세메스로 향해 울며 보폭을 맞추어 걷던 한 겨리의 암소처럼 이후 재물財物 대신 제물祭物이 되겠다며 다시 눈을 반짝이는 남편을 와싹 끌어안으며 자신도 어둔 흰 밤 그의 발의 등불 될 희망에 겨워 금세 환해지던 아내의 미소가 그의 어둔 눈을 확 밝혔다 성령의 말할 수 없는 탄식으로 자신의 소명을 깨우쳐주고 시각장애인 목사만의 전매특허 어둠 속에서도 성경을 읽어 줄 수 있는 유니크한 사명의 길로 나아가게 한 그녀의 금빛 미소로 바디매오의 영안이 환히 열리던 카이로스의 순간에

순모 반 폴라티

순모 반 폴라 긴팔 티셔츠를 설빔으로 받았다 이 설빔을 내게 지어 준 이는 시각 장애인이다 그녀는 안마로 돈을 번다 그런 그녀가 몸 바친 노동으로 힘겹게 번 돈으로 나에게 따뜻한 겨울나기 선물을 했다 가격도 만만치 않다고 했다 그래 물질의 과용을 넘어 그녀가 벌어들인 돈의 가치가 너무 대단하고 그 금쪽같은 수입을 나에게 거침없이 투자했다는 데에 내 인생 사전 비교 불가능한 설빔이 됐다 근데 왜 이렇게 맘이 편한지 모르겠다 옥합을 깨뜨린 여인의 인생 낭비를 후대 영원히 기억될 재배再拜로 셈해 주셨던 스올로 향하던 메시아의 영적 포만감이 전이 되어 온다 사르밧 과부의 마지막 한 끼를 수탈한 엘리야의 두꺼운 낯짝도 이해가 된다 제 살 베어냄으로 그녀들은 이미 벌써 구속사의 한 주역이 되었음을 선견자의 눈으로 내다보았기 때문일 거다 내 눈에도 보인다 보이는 것 없는 그녀가 정말로 보이는 것 없어 투자한 맹신盲信 작은 자 하나에게 한 것이 나사렛 예수의 각혈을 보듬어 안은 옥합이라는 확증이

국민 언니

두당 2만원에 천리 길 너머 거가대교를 오가게 해준다며
동틀녘 공복에 불러내
우리네 날 샌 허기를 한껏 채워 준
유채나물,봄똥겉절이,명태코다리,튀긴닭다리,찰밥,수제송편,모닝커피
분에 겨운 풀코스 조반상은
만선의 욕심을 꿴 그녀의 저인망

하루 종일 굶어도 허기질 일 없도록
배터리 완벽 충전해 놓고는
제 분이 풀릴 때까지 예정에도 없던 매장까지 돌고 돌아
건강 홀대한 네 죄를 니가 알렸다 일장훈시 후
인해전술로 문 막아서서
단돈 2만원에 볼모된 인질 사이사이를 물길 놀래미처럼 헤집으며
헐거운 우리네 호주머니를 샅샅이 훑었어도

저녁이 되고 아침이 되니
날마다 새론 창조에 어제를 잊고

그녀를 그만
우리는 국민언니라 불렀으니

돈은 미워도 사람은 미워할 수 없다며
이내 다가올 카드 대란조차 잠시 망각하고
모처럼 사람 행세한 호기 만장한 낭비에 감복해
자위하며 상호 위무하며 돌아오던 차중에서

사람을 물건 삼는 기망 행위의 삐끼 된 제 신세가 처량해
첫 아침 새 고객들 홀릴 찰진 미끼를 제 살에 꿰며
이번엔 얼마나 털어야 모진 욕 안 먹을 건지
마른 푸념을 그녀가 새벽 찬 공기에 내뱉더라는
그 누군가의 귀엣말이

확 털어야 먼 데 내보낸 자식들 거둬 먹일 텐데
내 독심술에 그리 해석되어져

1박2일 시속 100km로 질주하는 차속에 가둬놓고
우릴 깔끔히 털었어도

욕할 수도 미워할 수도 없던 삐끼를
국민언니라 불렀던 일은
천국에서 상 받을 만한 참 인간적 호명이었다며
가슴 뻐기던 귀경길에서

다시 불러 본
진창길에 몸 내던져 제 식구들의 양식이 된
구황식물의 진심을 대표한 그녀는
우리네 국민언니

이름이 하나 된다는 것

존재를 지우듯
이름을 지우며
밤하늘 유성이
찢는
찰나적 광휘를
애도하고 있다

존재를 세우듯
이름을 세우며
신새벽 샛별이
빛낼
천년의 광영을
애모하고 있다

파킨슨 씨 병동에서

다 덜어내고
한 줄로 다시 정리하려드는
시구詩句처럼

전생 속수무책이었던 이력을
말 줄이고 행간 압축시켜 한 획으로 응축시켜 놓은
수족 묶인 일목요연一目瞭然한 병상에서
가뭄을 타는 오아시스

굳히기에 들어 선 겨울 덕장의 초침秒針처럼
뻣뻣해져가는 육필로
회고하기조차 싫은 끔찍했던 한 생을
몸서리치며 필사해대는 필경사

다가서서 머리에 손을 댄다
간병인이 다가와 이불 개키듯 말아 세운다
한 걸음 내딛기가 첫 걸음마 떼기보다 어려웠던 일생에
견뎌낼 힘이었던 그리스도의 위로로 붉어지는 눈시울

터져 나오는 혀 마른 외마디 접신接神
주~여
의지 할 이 예수 밖에 그 누구도 없는

허들 없는 허들을 넘는
예수 안에서
걷기도 하고 뛰기도 하는
하늘 당신의 내 위로

을왕리

눈비늘로 덮인 바다가 일렁이고 있다
인공 주상 절리에 둥지를 튼 선셋하우스에 둘러앉았다

물비늘에 반사 된 햇살에 눈이 부시다
낙조에 정면으로 노출된 안면이 따갑다

바다는 비어 있다
부두에 정박한 배가 동면을 나직이 즐기고 있다
바다가 허기진 속내를 게워 낸 해변에는
녹아내리지 못한 눈비늘이 번뜩인다

팔십 노파 단 한 사람을 위해
일본 북단 선교지로 나서게 됐다는
당돌하고 쓸쓸한 선교사 지망생의 고독한 결단을
듣는다

겹쳐오는 허기
소화해 낼 수 없는 눈비늘 같은 선교 현장을
목표 삼는 허기가 겨울 허허 바다 빈 속 같다

얼마나 더 허기져야 허기를 망각할 건지
허기를 탐하는 선교사 지망생의 거식증에
일순 달달한 캐러멜마키아토가 맛을 놓친다

바다는 연신 허기를 게워내고
바다가 게워 낸 허기를 양식 삼는
원양遠洋 출정의 꿈에
우린 함께 부풀어 오르고 있다

단 한 영혼을 위해
동항凍港 된 겨울 바다에서
희고 여윈 팔뚝으로 닻을 끌어올리는 항해사의
영혼 허기에

단 한 영혼을 위해서도
한 없이 열려 있는
동항일 수 없는 영적 부동항不凍港 을왕리에 왔다

공지 1

비록 작지만
우리 교회에 없는 믿음이라면

감히
그 믿음 없어도

홍해를 건너거나
더 나아가
살아계신 아버지 하나님을 기쁘시게 하는데에
전혀 부족함이 없습니다

공지 2

비록 엷지만
우리 교회에 없는 사랑이라면

감히
그 사랑 없어도

싹을 틔우고
술람미 여인을 불러내고
옥합을 깨뜨리는 데에
그 어떤 장애물도 있을 수 없습니다

바통 터치

바통을 건네주려
혹한을 견디다 붉어진 호흡
서둘러 이어받느라
신록을 건너 뛴 샛노란 질주

산수유 겨울 열매와 봄꽃이 이어달리는
아름다운 승계로 때깔 고운 봄
열매가 다시 꽃이 될 수 없지만
꽃도 열매 없이는 된 것이 아님을 알아

열매는 절제를 꽃은 겸양으로
서로 존중함으로 봄이 되는 봄

부디, 너도 나도
이쁜 스넵으로 남는
바통 터치이고저

완주

남들은 메달을 목표로 물살을 갈랐다지만
나는 익사하지 않으려고 발버둥쳤다는
올림픽 사상 가장 아름답고 감동적이었던 꼴지 레이서
적도 기니 출신 에릭 무삼바니

'그대가 묵묵히 한 곳에 머물러 있어도
쉬지 않고 먼 길을 걸어왔음을'*

제자리걸음만으로도
한 바퀴를 돌게 한 지구의 자전을 선사 받은
회전하는 그림자도 없는** 태풍의 눈 속에 안주하게 하심으로
사명의 마라톤을 완주하게 해 주신
당신을 위한 나의 일 기억 한 점 없고
오롯이 나를 위한 당신의 일 뿐인

받을 상급이 전부 당신 몫인
추악하고 게으른 종이 거저 받아 누린
전적 은혜sola gratia
완주

* 프란츠 카프카 시 '6월의 나무에게서' 중 인용
** 야고보서 1장 17절 하반절

해설

땅 끝에서 만나는 하늘

- 김성찬 시집 『사막은 나이테가 없다』의 시세계

김 윤 환 시인/문학박사
목사, 백석대학원 기독교문학 교수

1.

종교가 인간 구원을 가장 큰 과제로 삼는 것이라면 문학이야말로 인간 본질의 근원적 문제를 제기하고 그 답을 추구한다. 또한 그 답은 개인과 집단의 구원을 목표로 삼는 믿음에 있기 때문이다. 문학과 종교는 다 같이 인간 구원이 목적이라는 점에서 공통성을 지니고 있다고 볼 때 문학은 종교적 은유이며, 종교는 문학적 주문(呪文)으로 이해할 수 있다. 즉 문학이 인간의 구원 의식에서 비롯된 상상력에서 출발하여 상징적 언어로 표현된 속성을 가지고 있다는 것을 의미하는 것이다.

'인간의 가장 궁극적인 관심은 종교'라고 한 폴 틸리히의 주장과, '종교란 궁극적인 실재라는 개념을 중심으로 형성된, 개인적

이면서도 집단적인 믿음과 행위와 정서의 집합에 의해서 구성된 것'이라고 한 니니안 스마트의 견해를 통해 볼 때, 문학과 종교와의 긴밀한 관계성은 불가피한 것임을 알 수 있다.

김성찬 시인은 이러한 문학과 종교의 상호성을 적극적으로 수용하고 표현하고 있다. 금번 시집의 특징은 종교와 사회, 개인과 가족, 신앙과 삶의 양태와 현상에 대한 진단과 비판에 그치지 않고 종교적 희망을 성서의 이미지와 함께 형상화하고 있다.

시집 『사막은 나이테가 없다』에 흐르는 전반적인 이미지는 '신과 인간, 역사'라는 현장을 매개로 하나의 근원적인 희망을 그려내고 있다. 이로써 시인의 시적 상상력은 삶의 자리와 역사를 종교적 상상력으로 승화시켰다는데 있다, 좀 더 구체적으로 말하면 인간의 현실과 희망을 기독교 세계관으로 인식하고 표출하는 공통성을 지니고 있다.

일반적인 종교시가 몰아적 고백이거나 기도문의 변형으로서 발표되고 있다면 김성찬 시인은 문학이 가져야 할 독립적 상상력과 표현을 잘 조화하여 오늘날 기독교 현실의 편협성을 반성하며 절대자에 대한 구원을 앙망하고 있음을 볼 수 있다.

2.

작품을 통해 시인의 기독교적 상상력과 구원에 대한 깊이 있는 사유를 살펴보자.

맑은 손이 유죄다
맑음을 오독한 죄

죄를 짓지 않은 손이
맑다 여김을 받는 것이 아니라
쉴 틈 없어 이끼 낄 새 없는 손이
맑다 여김을 받는다며

손가락 하나 까딱하지 않음이 유죄라는
처처 내부고발 당하며
말간 손으로 쏘다니는 유람에 지칠 무렵

밤낮 없는 호구지책 손놀림으로
젓가락 된 까만 손가락이
꿈속에서도 나타날까 두려워 문 걸어 잠근
맑은 법정

– 시「맑은 손」전부

김성찬 시인은 목회자다. 시인과 목사라는 호칭은 가장 비슷한 부류의 이름이다. 그것은 영적인 것을 노래할 수밖에 없는 숙명의 역할이 시인과 목사에게 주어져 있기 때문이다.

시 '맑은 손'은 깨끗한 손의 은유가 아니라 화자의 무지와 나약함을 고백하는 시다. 신앙인은 날마다 신의 법정에 서는 설레임과 두려움의 시간을 살지만, 실은 인간의 '죄'란 자신의 유한성을 인정하지 않는 착각과 교만에서 비롯된다는 것을 시인의 시에서 발견할 수 있다. 선명하지 않는 손짓 발짓으로 믿음의 흔적마저 지

워진 상태, 그 빈손의 두려움을 시인은 보여주고 있는 것이다. 하늘의 법정에 선 빈손의 인생을 돌이켜 보게 하는 시다.

3.

김성찬 시인이 가지고 있는 시적 상상력은 기독교적 상상력에서 결코 비켜 갈 수 없다. 그의 성장의 과정이나 삶의 궤적을 볼 때 온 세계를 그의 종교적 프리즘을 관통할 수 밖에 없는 것이다. 그러한 상상력이 잘 나타난 시 「승화원」을 살펴보자.

> 뼈를 때린 회한을 식히고 있는 중이란다
> 폐를 찌른 냉기를 식히고 있는 중이란다
> 간을 녹인 노기를 식히고 있는 중이란다
> 가슴 울린 탄식을 식히고 있는 중이란다
> 배를 곯은 설움을 식히고 있는 중이란다
> 등에 꽂힌 비수를 식히고 있는 중이란다
> 손을 놓은 낙담을 식히고 있는 중이란다
> 팔을 꺾은 완력을 식히고 있는 중이란다
> 다리 풀린 절망을 식히고 있는 중이란다
> 발을 묶은 금제를 식히고 있는 중이란다
> 손톱 깨문 실연을 식히고 있는 중이란다
> 발톱 세운 독살을 식히고 있는 중이란다
> 입을 막은 면박을 식히고 있는 중이란다
> 귀를 먹인 음해를 식히고 있는 중이란다
> 코를 누른 수모를 식히고 있는 중이란다
> 목을 비튼 살의를 식히고 있는 중이란다
> 얼굴 돌린 외면을 식히고 있는 중이란다

눈에 어린 석별을 식히고 있는 중이란다

-시 「승화원」 전부

서울 근교 한 화장장의 현장을 담담히 보여 주는 시 「승화원」은 뭇 인생들의 육신에 남은 굳은 기억들이 소각되는 과정을 뜨거웠던 생애의 원죄적 유전자가 식혀지는 것으로 묘사한 것에 시인의 지독한 파라독스가 숨어져 있다. 죽어야 끝나는 원죄, 나를 죽여야 내가 다시 사는 생명의 원리를 역설적으로 노래하고 있는 것이다.

기독교는 세계의 불완전성을 원죄라는 개념으로 설명한다. 원죄 때문에 우리의 삶은 모순에 빠지고 불행해진다는 것이다. 따라서 인간은 원죄의 사(赦)함을 받아야 하는데 인간의 능력으로는 그것이 불가능하고 그리스도의 죽음만이 그것을 가능하게 한다고 본다. 여기서 기독교의 본질인 원죄 의식과 구원관이 성립하는 것이다. 죽음에 이르러서야 태워지는 원죄가 아니라 그리스도의 죽음을 통해 영육이 살아 있을 때 우리의 원죄성이 태워질 수 있음을 시인은 죽음의 소각을 통해 은유적으로 노래하는 것이다.

4.

시인은 서아시아 중동(中東) 성지 순례길에서 모세를 만난다. 모세의 광야 40년을 다시 그린 시 「낙타의 길」을 통해 제 동족을 자유의 땅으로 인도하는 외로운 선지자의 인간적 두려움과 믿음의 길을 함께 걷고 있다.

가라 모세
길 없는 길에 길 되어 가라
바람이 제멋대로 빚어 놓은 형체 없는 모래 벌판
흔적 없는 바람은 족적 없는 모래 길을 내나
길 없는 길에 길 되어 길 가는 낙타는
바람도 탓하지도 않고 모래 벌판도 마다 않고
물기 없는 사막을 수로 되어 흐른다

(....중략....)

자기 안의 충만으로 물 없이 하루 40킬로미터를 전진하듯
40주야 맹렬한 시내산의 기갈을
하늘로 흐르는 사막의 생수로 적신
보라 저 초월과 맞닿은 튼실한 육질을

버려져 바로의 궁궐로
다시 버려져 광야 미디안으로
되돌아 와 이끈 출애굽 길 느보산에서 끝내 버려지기 까지
다다를 수 없는 시원始原의 안락
낙타는 항상 길 위에만 있으니

가라 모세 길 없는 길을 가라
오늘도 길 없는 길에 길 되어 가라

– 시 「낙타의 길」 일부

시인은 모세의 광야 길을 '낙타의 길'로 명명하고 그의 행적을 따라간다. 그 모랫길 위에서 무지하고 고집 센 히브리인을 만나고, 이에 번민하는 모세의 굳은 표정을 만나고, 심지어 고대 셈족이 섬기던 화신(火神)이자 아모리 족속이 인신 제물을 바쳤다는 우

상 '몰록'(Moloch)을 만나고, 이집트 사람이 섬기던 밤하늘의 신 '레판'(토성, Rephan)을 만난다. 무수한 두려움과 이방의 신들을 지나 길 없는 길 위에 다시 길을 만들며 나아가는 신(神)의 사자를 본다. 이 시를 통해 지금도 여전히 물기 없는 사막을 지나 자신은 닿을 수 없는 영지(領地)를 향해 양무리를 이끌고 가는 가난한 오늘의 사제들을 돌아보게 하는 슬프고도 의연(毅然)한 시편이다.

5.

그렇다고 김성찬 시인이 도그마에 빠진 종교주의 시인은 아니다. 우리 시의 독특한 음률과 시적 풍경을 묘사하는 작품에서 시의 기능을 충분히 발현하고 있어 그의 문학적 성취는 평가할 만하다.

소품 시 「능소화」를 소리내어 읽어보면 우리말의 리듬과 풍경너머 풍경을 보여주는 탁월한 시어 구사 능력을 보여주고 있다.

구름 너머에서

손을 내민
편팔

손이 짧아 맞잡지 못했다

외려
볼 붉어진 하늘

－시 「능소화」 전부

이어서 소재의 형상화와 메시지의 은유를 잘 담은 시 「가시나무」를 감상해보자

돌아 갈 다리를 하나 씩 끊으며
돌아 갈 땅에 지뢰를 하나 씩 묻으며

돌아 갈 인연마다
점점 가시 못 박아 놓으며

용맹 정진으로 이룬
바람 끝 혈의 누樓

손에 쟁기를 잡고 뒤를 돌아보는 자*는
다다를 수 없는 시간의 끝

– 시 「가시나무」 전부

시는 메시지 이전에 허무를 발견하는 일이다. 그 허무 밑에 깔려 있는 슬픔을 발견하는 일이며 그 슬픔을 받아들이고 비워냄으로서 다시 일어설 수 있는 시간을 얻게 되는 일이다. 시 「가시나무」는 누구나 자기 안에 가시나무 한 그루 혹은 한 줄기를 품고 사는지 모른다. 이별과 전진의 갈래길마다 박힌 가시못을 시인은 잔잔히 노래하고 있다. 노래에 묻은 눈물도 함께 목격하게 된다.

6.

시인은 종교적 결연함으로 치우치거나 상투적 감상에 젖어 있

지 않는다. 그는 교회 밖의 세상을 뜨거운 눈으로 응시하는 역사적 실존으로서 시를 쓰고 있다. 세상을 향한 연민의 시선과 비판적 일갈이 그의 시세계에 공존하고 있다. 제4부에 실린 시들이 대체로 그러하다. 그 중에 이 땅 한반도의 시대적 모순을 은유한 시 「좌회전은 비보호」를 유심히 살펴보자.

좌회전은 비보호
찌그러지지 않게 눈치껏 처신할 것
좌현으로 기운 배도 비보호
움직이지 않는 파라오처럼 미동도 말 것

서편 하늘 쪽배가 온 우주였던 아이들에게
호화 크루즈가 웬말이었느냐는
따가운 우익의 눈총에
몸에 밴
좌현으로 기운 맘 문
꽉 닫아 건지
천년을 넘겼건만

엊그제 같이 방치된 영원한 오늘
4월 16일

팽목항은 여전히
비보호 좌회전이고
작금 세상은 죄다 한통속이 되어
귀에 살아오는
아벨의 핏소리에 귀 눈 막고
동쪽으로, 에덴의 동쪽으로

질주하며 창파에 내던지는

인간사 뿌리 깊은 자기기만

내가 내 아우를 지키는 자니이까?

– 시 「좌회전은 비보호」 전부

2014년 4월 16일 온 국민을 비탄의 도가니로 몰아넣었던 '세월호참사사건'을 통곡으로 꾹꾹 누르며 쓴 시편이다. 맘몬이 지배한 세상에는 이 패악한 비극을 진영 나누기로 몰아가는 괴물들이 있었다. 시인은 '세월호'사건을 75년 민족 분단 아픔의 연장선에 이해한다. 가난한 자, 소외된 자, 억울한 자, 특히 억울한 죽음에 대한 자세가 정치적 이데올로기로 오염되는 과정에서 '좌회전은 비보호'라는 교통안전규칙을 빗대어 '좌'를 불온시 하는 시대의 모순을 시로서 말한다. 시인은 '인간사 뿌리 깊은 자기 기만'으로 진단하고 성경 속 카인이 내뱉은 말 "내가 내 아우를 지키는 자이니까?"라는 비겁한 변명이 오늘에도 그대로 이어지는 카인의 후예들을 시인은 고통스럽게 소환하고 있는 것이다. 마치 성전을 오염시켰던 당대의 주류들에게 소리치던 예수의 분노처럼 우리의 무관심과 무지를 다시 돌아보게 한다.

7.

제5부에서는 시인의 일상에서 만나는 사람들에 관한 고백의 노래로 엮어져 있다. 목회자라는 특수한 신분으로 만나게 되는 이웃

은 당연히 신앙적 혜안(慧眼)으로 들여다 보게된다. 다양하지만 한결 같이 선하고, 아프고, 쓸쓸한 신앙인의 눈물을 씻어주는 시편들이다. 그 중 한 편을 소개한다.

시 「베로니카 최경애」라는 실명이 시제로 등장하는 이 시는 신앙이란 고통을 회피하는 불감증의 행복이 아니라, 슬픔과 상처를 온 몸으로 끌어안고 그것을 오히려 사랑의 에너지로 승화시키는 믿음의 힘을 보여주는 목사 김성찬의 시선(視線)이 잘 드러난 작품이다.

천 년 만에
먹여주고 놀아줬다

감격에 겨워 벳새다의 기적을 즐기는
그녀의 식탁 위에 내 눈물이 비쳤다

아홉은 어디 갔느냐?
너도 가려느냐?

한 아버지뿐이듯 한 목사뿐인
매정한 건기를 자력으로 견뎌 낸 저 우매한 지조
세상에 두기에 아까운 인간 보혜사
전동 스쿠터 드라이버, 최경애

동네마다 바보 하나쯤은 있어서
진실이 숨 쉬듯
영리한 것들 판치는 성막에도
천치 하나쯤은 있기에 신탁이 임하는

그리스도의 남은 고난을 손수건에 훔치는
베로니카 최경애

하늘 영감을 일깨우는
비바람이 분다

늦은 비가 내리려나

– 시 「베로니카 최경애」 전부

이 시의 모티프가 되는 최경애라는 인물이 누구라는 것이 적시하지 않았지만 시를 읽다 보면 일평생 신앙 속에서 한 목사와 한 사람을 사랑하고 섬겨 온 성도의 순애보로 보인다. 시인은 그녀의 잃어버린 삶의 균형과 기억들을 예수의 마음으로 어루만지고 있는 것이다. 받은 사랑을 다 갚지 못하는 미안함이 이 시에 배어 있지만, 그녀를 통해 온전한 사랑은 모자람을 인정하는 겸손과 양선이 있을 때 임한다는 진리를 노래하는 것을 알 수 있다.

시는 미안한 마음에서 출발하지만 구원은 가난한 마음에서 출발한다. 시인은 이러한 두 마음을 이 시집 5부에 충실히 담아내고 있다.

8.

인간은 제한된 자신을 보충하기 위해 또 다시 제한된 인간을 의지하는 모순으로 살고 있다. 길건 짧건 돌이켜 보면 우리의 가슴을 따뜻이 덥혀 주는 것은 우리 안에 흐르는 따뜻한 피가 되어야 함을 깨닫게 된다. 그것은 다름 아닌 당신을 닮게 만든 피조 인간을 향한 하나님의 사랑, 그의 피가 우리의 육신과 영혼 안에 흐를 때만이 가능하다. 시인은 오늘도 가슴 시린 노래를 부르며 자신 안에 그의 보배로운 피를 그리워하는 것이다.

혹자들은 기독교적 문학이 지나치게 제한적이고 관념적이라고 폄하하지만 문학적 소양을 뛰어넘는 영성이 담긴 상상력과 진심 어린 구원의 고백으로서 시적 표현이 담겨있다면 그 작품은 세속적 평가를 넘어 신앙인에게 가장 위대한 문학이 될 것임을 시인의 작품을 통해 발견할 수 있다. 문학은 그 소재와 주제로서 자연과 사물, 세상의 온갖 풍경 등과 매우 폭넓게 관계되어 있으나 그 가운데서도 집중적으로 수용되고 있는 것은 바로 '사람'일 것이다.

시인의 노래는 종교적 위안이나 평화로운 목가적 풍경이 아니라, 생명 주체로서 인간과 시대적 현실에 기반을 둔 감개와 변화의 구원 의지로 물들여져 있다. 또한 시인은 불의한 현실에서 상실한 진정한 자유와 평화와 행복을 구원적인 내면의 영적 충만을 통해 되찾아보려 노래하고 있다. 일종의 대상적 불만족을 거룩한 영적 삶을 구원자에게 의지함으로 시대를 회복하려는 선지적 의지가 담겨져 있다.

김성찬의 시세계는 기독교문학의 고유성을 지켜가면서 창작의 새지평을 예고하는 의미있는 문학적 결실로 평가할 만하다. 이제 시인은 이러한 기독교적 구원의식을 통한 작품이 더욱 깊어지고 넓어짐으로 많은 이에게 영성의 깊이와 삶의 빛을 더하여 줄 것으로 기대된다.